I0706695

30 Storie per il RAMADAN

Storie della buonanotte per bambini per il mese sacro del Ramadan

1) <u>Il Primo Digiuno di Leila</u>

In una piccola città bagnata dalla dolce luce del mattino, Leila si svegliava con un misto di eccitazione e nervosismo. Oggi segnava un momento speciale nella sua vita: il suo primo digiuno completo di Ramadan.

"Mamma, è davvero oggi?" chiese Leila, con gli occhi ancora semi-chiusi.

Sua madre, Fatima, sorrise teneramente e annuì. "Sì, cara mia. Oggi digiunerai per la prima volta. Sei pronta?"

Leila annuì, anche se una piccola voce interiore le sussurrava le sue preoccupazioni. Ricordò i consigli di suo padre: "Il digiuno è più che una mancanza di cibo, è una ricerca di pazienza e gratitudine."

Dopo il pasto dell'alba, Leila e la sua famiglia eseguirono la loro preghiera. Il sole sorgeva, stendendo i suoi raggi dorati sulla città, annunciando l'inizio del digiuno.

Durante tutto il giorno, Leila provò varie emozioni: la fame, certamente, ma anche un senso di orgoglio. Osservò la sua famiglia, in particolare la madre e il padre, con una nuova ammirazione per il loro impegno.

A scuola, i suoi amici condividevano le proprie esperienze. "La parte più difficile è il pomeriggio, quando la fame si fa davvero sentire", confidò il suo amico Karim.

"Ma non dimenticare perché facciamo tutto questo", aggiunse Amina, un'altra amica. "È per avvicinarci ad Allah e per imparare ad apprezzare ciò che abbiamo."

La sera, mentre il cielo si tingeva di sfumature di rosa e arancione, la famiglia di Leila si radunò per il rompere del digiuno. Leila guardò le date sul tavolo, ricordando che il Profeta Maometto (pace e benedizioni su di lui) interrompeva il suo digiuno in questo modo.

"Leila, vuoi avere l'onore di rompere il digiuno?" chiese suo padre.

Con un piccolo cenno, Leila prese una data e mormorò una silenziosa preghiera di gratitudine. La dolcezza del frutto sembrava essere la più deliziosa che avesse mai assaggiato.

"Come ti senti?" chiese sua madre dopo che ebbero finito il loro pasto.

"Felice", rispose semplicemente Leila. "E un po' sorpresa. Pensavo solo alla fame, ma c'è molto di più. Mi sento... più vicina a tutti voi, e a Dio."

Suo padre sorrise. "Il Ramadan ha questo modo di unirci, ricordandoci l'importanza della famiglia, della gratitudine e della nostra fede."

Leila si addormentò quella notte con il cuore leggero e la mente piena di riflessioni. Il suo primo digiuno non era solo una sfida, ma un'apertura a un mondo di comprensione e crescita spirituale.

2) <u>Il Segreto della Zakat</u>

Nel quartiere vivace della vecchia città, Aya e il suo fratellino Sami condividevano un segreto. Ogni Ramadan, risparmiavano una parte del loro denaro da tasca per la Zakat, una tradizione di elemosina molto importante nell'Islam. Quest'anno però avevano deciso di fare qualcosa di diverso.

Un pomeriggio, mentre il sole calava lasciando posto alle tonalità rosate del crepuscolo, Aya disse a Sami: "Sai, dare soldi è una cosa buona, ma quest'anno vorrei che offrissimo qualcosa di più personale."

Sami, con i suoi grandi occhi curiosi, chiese: "Come cosa, Aya?"

"Pensavo che potremmo usare il nostro denaro per comprare materiale scolastico per i bambini dell'orfanotrofio," rispose Aya con un sorriso. Sami saltò di gioia e approvò l'idea con entusiasmo.

Nei giorni seguenti, i due bambini svolsero i loro compiti con più zelo che mai, guadagnando qualche moneta in più per il loro progetto speciale. Una volta raccolto il denaro necessario, acquistarono quaderni, matite e altre forniture.

Alla vigilia dell'Eid, si recarono all'orfanotrofio, le braccia piene di borse colorate. L'entusiasmo di Sami era palpabile, ma ricordò le parole della sorella: "La Zakat è ancora più preziosa quando viene data con discrezione e umiltà."

Aya e Sami lasciarono le borse alla porta dell'orfanotrofio con un biglietto: "Un piccolo regalo per un anno di apprendimento gioioso." Suonarono il campanello e si nascosero per osservare.

Quando i bambini dell'orfanotrofio trovarono le borse, i loro volti si illuminarono di una gioia incredibile. Aya e Sami sentirono un calore invadere i loro cuori.

Sulla via del ritorno, Sami chiese: "Aya, perché non

abbiamo detto che eravamo noi?"

Aya, tenendo la mano del fratello, rispose: "Perché il vero dono viene dal cuore, Sami. Non è necessario che gli altri sappiano da dove proviene. Ciò che conta è il sorriso sui loro volti, non gli elogi che potremmo ricevere."

Sami guardò la sorella, colpito e orgoglioso. Aveva imparato una lezione preziosa sull'umiltà e sulla generosità.

Il giorno dell'Eid, mentre la famiglia festeggiava insieme, Aya e Sami condivisero il loro segreto con i genitori, che li abbracciarono con orgoglio e amore.

3) <u>Sotto il Crescente di Luna</u>

Nel piccolo villaggio di Nour, l'apparizione del crescente di luna era sempre un evento speciale, specialmente durante il Ramadan. Bambini e adulti attendevano questo momento con gioia non velata. Ma per Lina e suo fratello Sami, quest'anno era ancora più speciale: era la prima volta che erano abbastanza grandi per partecipare alla veglia sotto la luna.

Dopo il pasto dell'Iftar, mentre le ultime luci del sole svanivano, Lina e Sami si unirono ai loro genitori nel giardino, dove si radunavano tutti i vicini. Lanterne colorate oscillavano dolcemente nella brezza serale, e l'aria era piena del dolce profumo dei dolci del Ramadan.

"Guarda, Sami!" esclamò Lina, puntando il dito verso il cielo. "Il crescente di luna! È lì!"

Sami, con gli occhi spalancati, seguì la direzione indicata dal dito di sua sorella e vide il sottile crescente di luna delinearsi nel cielo viola. "È meraviglioso!" disse.

Il loro padre, vedendo l'eccitazione dei bambini, si inginocchiò accanto a loro. "Sapete perché il crescente di luna è così importante durante il Ramadan?" chiese.

"È perché segna l'inizio del mese sacro, vero?" rispose Lina, orgogliosa di conoscere la risposta.

"Esattamente," confermò il padre. "Ed è anche un promemoria della bellezza della creazione di Allah e della regolarità dei cicli della vita. Ogni fase della luna ci insegna qualcosa."

I bambini annuirono, guardando il cielo notturno con nuova ammirazione.

"E ora, sotto questo crescente di luna, diremo tutti insieme una preghiera speciale," annunciò la madre unendosi a loro con un tappetino da preghiera.

La famiglia si allineò e mentre si prostravano insieme, Lina e Sami sentirono una pace interiore. Sotto il crescente di luna, erano uniti alla loro famiglia, alla loro comunità e a qualcosa di molto più grande di loro stessi.

Quando alzarono la testa, le stelle brillavano come risposte silenziose alle loro preghiere. E sotto il crescente di luna, Lina e Sami espressero desideri per il mese a venire, desideri colmi di speranza, pace e condivisione.

4) <u>La Lanterna di Nour</u>

Nel vecchio quartiere della medina, dove le strade si intrecciano come i fili di un antico tappeto, Nour, una bambina dalla mente acuta e dal cuore generoso, aveva una tradizione speciale durante il Ramadan. Ogni anno, costruiva una lanterna per illuminare il cammino dei passanti davanti alla sua casa.

Nella prima sera di Ramadan, Nour si posizionò alla sua finestra con la lanterna completata. Era decorata con vetro colorato e motivi che raccontavano storie di generosità e amore. Accendendo la candela all'interno, la lanterna proiettava danze di luce sui muri della città vecchia.

"Nour, la tua lanterna è la più bella che io abbia mai visto," esclamò sua nonna, unendosi a lei alla finestra. "Brilla come una piccola stella caduta dal cielo."

Nour sorrise, i suoi occhi scintillanti riflettevano la luce della sua creazione. "L'ho fatta affinché tutti possano ricordare di trovare la via della bontà," disse.

Mentre guardavano insieme, un anziano si avvicinò, fermandosi sotto la lanterna per riposare le sue stanche gambe. La luce morbida sembrava calmarlo, e un sorriso si formò sul suo volto illuminato dalla lanterna di Nour.

Poco dopo, un gruppo di bambini che giocavano per strada si raccolse attorno alla lanterna. Ammiravano i colori e il calore che emetteva, ridendo e condividendo storie sotto la sua luce benevola.

Notte dopo notte, la lanterna di Nour divenne un punto d'incontro, un faro di comunità e condivisione. I vicini portavano dolcetti da condividere, storie da raccontare, e la piccola lanterna illuminava le loro serate di Ramadan con una luce calda.

Nell'ultima sera di Ramadan, mentre Nour preparava la sua lanterna per l'ultima volta, sua nonna le disse: "Sai, cara, la vera luce del Ramadan è quella che brilla nel tuo cuore."

Nour alzò lo sguardo verso il cielo notturno, osservando

la luna che annunciava la fine del mese sacro, e seppe
che la luce della sua lanterna avrebbe continuato a
brillare a lungo dopo che le stelle si fossero spente.

5) <u>Orme sulla Sabbia</u>

Sulle dorate rive del mare, dove le onde accarezzano delicatamente la spiaggia, un piccolo ragazzo di nome Youssef camminava ogni sera di Ramadan dopo l'Iftar. Amava sentire la sabbia fresca sotto i suoi piedi e osservare le impronte che lasciava dietro di sé.

Una sera, mentre la luna splendeva chiara e rotonda, Youssef notò che le sue impronte non erano sole. Accanto alle sue, c'erano altre orme, piccole e delicate, come quelle di un bambino.

Curioso, seguì quelle tracce fino a trovare la loro

proprietaria: una bambina, la sua vicina, Amira, che sembrava cercare qualcosa nella sabbia.

"Cosa fai qui da sola?" chiese Youssef, avvicinandosi a lei con prudenza.

Amira alzò lo sguardo, i suoi occhi brillavano di speranza. "Sto cercando conchiglie per la mia collezione. Mio papà dice che sono più belle quando la luna è piena."

Colpito dalla sua determinazione, Youssef si inginocchiò per aiutarla. Insieme cercarono, e ad ogni conchiglia trovata, condividevano un sorriso o una risata.

"Perché cerchi conchiglie durante il Ramadan?" chiese Youssef dopo un momento di silenzio confortevole.

"Perché il Ramadan è un momento per fare buone azioni", rispose Amira. "Voglio offrire le mie conchiglie ai bambini in ospedale così che possano avere un po' della bellezza del mare con loro."

Youssef provò un'ondata di ammirazione per la sua amica. "È un'idea bellissima, Amira. Forse potrei aiutarti a donarle?"

Amira annuì con entusiasmo. "Mi piacerebbe molto, Youssef."

6) <u>La Preghiera di Mezzanotte</u>

Nel tranquillo quartiere di Medina, quando gli orologi suonavano la mezzanotte durante il Ramadan, un silenzio pacifico avvolgeva le strade. Ma nella casa della famiglia Idriss, una luce restava accesa e sussurri di preghiere si alzavano dolcemente.

Sofia, la più piccola della famiglia, aveva aspettato tutto l'anno per partecipare alla preghiera di Tarawih, una preghiera speciale del Ramadan che si svolge solitamente dopo l'Isha, la preghiera serale. Quest'anno, era determinata a restare sveglia per la preghiera di mezzanotte, nonostante le palpebre pesanti.

"Padre, riuscirò a restare sveglia per la preghiera di mezzanotte?" chiese, combattendo il sonno.

Suo padre, Layth, pose la mano sulla sua testa e sorrise. "Se il tuo cuore è pronto e la tua intenzione è chiara, allora Allah ti aiuterà a restare sveglia," disse con fiducia.

Man mano che l'ora si avvicinava, la famiglia si preparava, lavandosi per la purificazione e dirigendosi verso la loro sala di preghiera. Sofia si sistemò accanto a suo fratello e sua sorella, il tappeto sotto di lei morbido e confortante.

La loro madre iniziò la recitazione del Corano, la sua voce che saliva e scendeva nei versetti sacri. Sofia si lasciò trasportare dalle parole, sentendo il suo cuore battere al ritmo degli ayat.

Quando iniziò la preghiera, Sofia seguì i movimenti con attenzione silenziosa, prostrandosi, alzandosi in piedi e inchinandosi con una devozione che andava oltre la sua giovane età. Ogni postura era una conversazione con il divino, ogni prosternazione una dichiarazione di fede.

Al termine della preghiera, mentre il silenzio ricadeva sulla casa, Sofia si sentiva sveglia in un modo che non aveva mai conosciuto prima. Non solo aveva mantenuto la promessa di restare sveglia per la preghiera di mezzanotte, ma aveva anche sentito un profondo legame con la sua famiglia e con la sua fede.

"Padre, è stato bello," mormorò lei, gli occhi brillanti di una luce interiore.

"È il potere della preghiera, Sofia. Ci unisce e ci eleva, specialmente durante il Ramadan," rispose lui.

E mentre la mezzanotte passava e la luce della luna si rifletteva dolcemente sulle pagine del Corano, Sofia sapeva che avrebbe conservato il ricordo di quella preghiera di mezzanotte per tutte le notti a venire, un ricordo di pace e di connessione divina.

7) <u>La Prima Rivelazione</u>

Nella tranquilla città di Mecca, sotto il cielo stellato del deserto, viveva un giovane ragazzo di nome Amir. Amir era noto per la sua curiosità e il suo amore per le storie che suo nonno gli raccontava ogni sera. Tra tutte le storie, quella sulla prima rivelazione del Corano al Profeta Maometto durante il mese di Ramadan affascinava particolarmente Amir.

Una sera, all'inizio del Ramadan, Amir chiese a suo nonno, con gli occhi pieni di eccitazione: "Nonno, puoi raccontarmi ancora una volta la storia della prima rivelazione?"

Il nonno sorrise, contento dell'interesse del nipote, e iniziò: "Beh, Amir, è accaduto molto tempo fa. Il Profeta Maometto era nella grotta di Hira, in cerca di pace e riflessione, quando l'angelo Gabriele gli apparve."

Amir, appeso ad ogni parola, chiese: "Nonno, il Profeta aveva paura?"

"Sì, era sorpreso e un po' spaventato all'inizio," rispose il nonno. "Ma Gabriele gli disse: 'Leggi!' e il Profeta rispose che non sapeva leggere. Allora l'angelo lo strinse a sé e gli disse di nuovo: 'Leggi!'"

"E poi? Cosa è successo dopo?" chiese Amir con impazienza.

"Gabriele allora rivelò le prime parole del Corano, che significano: 'Leggi, nel nome del tuo Signore che ha creato...' Queste parole hanno segnato l'inizio della rivelazione del Corano, e da allora, il mese di Ramadan è diventato un tempo sacro per avvicinarsi a Dio e alla Sua parola," concluse il nonno.

Amir rimase in silenzio per un momento, assorbendo la storia. Poi, con stelle negli occhi, disse: "Nonno, voglio essere come il Profeta. Voglio imparare e condividere la saggezza."

Il nonno prese Amir tra le braccia e disse con tenerezza: "Hai già iniziato, caro mio. Ogni giorno che impari qualcosa di nuovo e lo condividi con gentilezza, segui le orme del Profeta."

Mentre la notte avvolgeva la città, Amir si addormentò, il cuore pieno di sogni e storie, determinato ad imparare e condividere la luce della conoscenza, proprio come il Profeta Maometto aveva fatto tanto tempo fa.

8) Il Giardino delle Virtù

In un angolo tranquillo della città, dove i vicoli sono adornati di fiori e le fontane cantano dolcemente, c'era un giardino che tutti i bambini della città chiamavano "Il Giardino delle Virtù". Questo non era un giardino ordinario; i suoi alberi sembravano danzare al vento e i suoi fiori sussurravano parole di saggezza a coloro che si prendevano il tempo di ascoltarli.

Nel cuore di questo giardino, una ragazza di nome Hana

amava trascorrere i suoi pomeriggi di Ramadan. Trovava in questo luogo una pace interiore che completava la riflessione e la tranquillità apportate dal digiuno.

Un giorno, mentre Hana passeggiava tra le aiuole fiorite, notò una rosa che sembrava appassire. Preoccupata, si avvicinò e udì la rosa sussurrare: "Per sbocciare, ho bisogno della gentilezza di qualcuno."

Senza esitare, Hana prese delicatamente la rosa tra le mani e le offrì dell'acqua della fontana. A poco a poco, la rosa riprese colore e il suo profumo riempì l'aria.

"Grazie, piccola Hana", disse la rosa. "Hai mostrato la virtù della compassione, una delle più belle che si possa avere durante il Ramadan."

Ogni giorno seguente, Hana incontrava altri fiori con diverse esigenze: un tulipano aveva bisogno di incoraggiamento per rialzarsi, un giglio aveva bisogno di un orecchio attento per condividere le sue storie e un gelsomino aveva semplicemente bisogno di compagnia.

Ogni volta, Hana era lì, offrendo ciò che poteva, e con ogni atto di virtù, il giardino diventava più lussureggiante e più vivace.

L'ultimo giorno di Ramadan, il giardino era irriconoscibile, traboccante di vita e di colori. Hana allora comprese che quel giardino era il riflesso del mondo: ogni buona azione, per quanto piccola, contribuiva a un bene molto più grande.

"Hana, hai dato senza aspettarti nulla in cambio, e questa è la vera essenza del Ramadan", le disse un vecchio fico al centro del giardino.

La sera dell'Eid, Hana invitò tutti i bambini a venire a vedere il giardino. Rimasti meravigliati dalla sua bellezza, compresero il messaggio che Hana stava condividendo: come il giardino, i loro cuori e le loro comunità potevano fiorire attraverso la virtù e la gentilezza.

9) **Il Pasto Condiviso**

Il mese di Ramadan era un tempo di condivisione e
comunità, e nella famiglia di Mariam, il pasto di Iftar era
un affare del cuore. Quest'anno, Mariam aveva un'idea
particolare. Voleva invitare i suoi amici di diverse
culture a condividere il pasto di Iftar per mostrare loro la
bellezza della tradizione.

Con l'aiuto di sua madre, Mariam inviò gli inviti per il
decimo giorno di Ramadan. "Mamma, pensi che
verranno?" chiese, un po' ansiosa.

"Certo, cara mia," rispose sua madre. "È una bellissima occasione per loro di scoprire le nostre usanze."

La sera dell'Iftar arrivò, e presto, la casa di Mariam si riempì di risate e conversazioni in diverse lingue. Ogni amico portò un piatto dalla propria casa, creando un buffet di diversità e sapori.

"Non sapevo che ci fossero così tanti modi diversi di preparare i datteri!" esclamò Emma, un'amica di scuola di Mariam.

"E queste polpette, sono deliziose! Come si chiamano?" chiese Alex, gustando un kibbeh.

Mariam spiegò i vari piatti e condivise le storie dietro ogni tradizione. Quando fu l'ora di Iftar, tutti osservarono un momento di silenzio mentre la famiglia di Mariam rompeva il digiuno con datteri e acqua, proprio come aveva fatto il Profeta Maometto (pace e benedizioni su di lui).

Poi, tutti si sedettero insieme per gustare il banchetto. Le conversazioni si spostarono sulle esperienze di digiuno, le tradizioni familiari e l'importanza della gratitudine.

"Non avevo mai davvero pensato a tutte le cose per cui dovrei essere grato," confessò Tom, un compagno di classe.

"Questa è una delle lezioni del Ramadan," disse il padre di Mariam. "Digiuniamo per sentire la fame, per capire il valore di ciò che abbiamo e per imparare ad apprezzarlo."

Il pasto condiviso divenne un evento annuale nella casa di Mariam. Ogni anno, più amici si univano al tavolo, e il buffet di Iftar cresceva con nuovi piatti e storie. Per Mariam e la sua famiglia, il Ramadan era diventato sinonimo di condivisione, non solo di cibo ma anche di cultura e amicizia.

10) <u>**La Perla della Pazienza**</u>

In un villaggio bagnato dalle acque tranquille di un mare scintillante, viveva una ragazza di nome Safiya, nota a tutti per la sua infinita pazienza. Durante il Ramadan, questa virtù brillava ancora di più del solito.

Ogni giorno di digiuno, Safiya si alzava prima dell'alba per aiutare sua madre a preparare il Suhoor, il pasto prima dell'alba. Anche stanca, non mancava mai di sorridere e di dolcezza.

Un pomeriggio, mentre il sole scagliava i suoi raggi

implacabili sul villaggio, Safiya trovò una conchiglia spiaggiata sulla spiaggia. Al suo interno, scoprì una perla di straordinaria bellezza. Era un dono del mare, un segreto nascosto nelle profondità.

Safiya, meravigliata, decise di tenere la perla, non come un tesoro personale, ma come simbolo di ciò che il Ramadan le insegnava. La chiamò la Perla della Pazienza.

L'ultimo giorno di Ramadan, Safiya organizzò un iftar per tutto il villaggio. I tavoli erano colmi di piatti deliziosi, e al centro, la perla veniva esposta, scintillante sotto le luci del crepuscolo.

I villaggioci furono commossi dalla bellezza della perla e chiesero a Safiya perché l'avesse chiamata così.

"Questa perla, trovata dopo una lunga attesa nelle profondità, mi ricorda che la pazienza è preziosa", spiegò lei. "Durante il Ramadan, impariamo ad aspettare, a sperare e ad apprezzare ogni benedizione. Come questa perla, la pazienza è un dono che si rivela a coloro che sanno aspettare."

Il cuore dei villaggioci fu toccato dalla saggezza di Safiya. La Perla della Pazienza divenne un simbolo del villaggio, ricordando a tutti le virtù del Ramadan e la bellezza che risiede nella pazienza e nella gratitudine.

11) <u>Le Mille e una Notte del Ramadan</u>

Nella piccola città di Tarim, circondata dal deserto e dal cielo stellato, il Ramadan portava non solo un mese di digiuno ma anche un mese di racconti e storie. Tra i narratori, c'era il saggio vecchio, Abu Hassan, i cui racconti affascinavano sia bambini che adulti, notte dopo notte.

Una bambina in particolare, Layla, non perdeva mai una notte. Era catturata dalle avventure e le lezioni che ogni storia portava. Una sera, Abu Hassan annunciò: "Miei cari bambini, quest'anno, vi propongo una sfida. Chiunque mi possa raccontare la migliore storia di Ramadan vincerà una collezione completa delle storie che ho narrato negli anni."

Layla, con la sua immaginazione senza limiti, fu entusiasta all'idea di partecipare. Passò i giorni seguenti a scrivere e riscrivere la sua storia, rifinendo ogni dettaglio. Finalmente, creò "Le Mille e una Notte del Ramadan", una storia magica di una città che non dormiva mai, dove ogni notte svelava una nuova avventura ispirata dagli insegnamenti del Corano.

L'ultima sera del Ramadan, Layla raccolse il suo
coraggio a due mani e si alzò per raccontare la sua storia
di fronte ad Abu Hassan e tutti i villaggi riuniti. La sua
voce, inizialmente esitante, guadagnò fiducia man mano
che il racconto prendeva vita, trasportando il suo
pubblico in un mondo dove le stelle sussurravano segreti
di saggezza ai bambini e la luna vegliava sulla città,
assicurando pace e riflessione.

Quando Layla terminò, un silenzio commosso aleggiò

sull'assemblea prima che scoppiasse un fragoroso applauso. Abu Hassan, con gli occhi lucidi di lacrime, dichiarò: "Layla, la tua storia ha catturato lo spirito del Ramadan meglio di quanto avrei mai potuto immaginare."

E così, Layla vinse non solo il concorso, ma anche il cuore della sua comunità, ricordando a tutti che le vere storie del Ramadan sono quelle che si vivono, si condividono e si conservano nel cuore ben oltre la fine del mese sacro.

12)   <u>La Generosità del Cuore</u>

Nel villaggio di Al-Baraka, tutti conoscevano il giovane Ali per la sua generosità senza limiti. Durante il Ramadan, Ali cercava sempre modi per rendere questo mese ancora più speciale per gli altri.

Quest'anno, Ali aveva deciso di preparare un pasto di Iftar per coloro che ne avevano più bisogno. Passò giorni a pianificare, a raccogliere ingredienti e a invitare tutti quelli che erano soli o in necessità a unirsi a lui per un pasto comunitario.

Con l'aiuto della sua famiglia e degli amici, Ali trasformò la piazza del mercato in un grande salotto all'aperto. Tovaglie colorate furono stese, lanterne appese, e un dolce profumo di cibo aleggiava nell'aria.

Quando arrivò la sera dell'Iftar, la gente cominciò ad arrivare, alcuni timidi, altri curiosi, ma tutti toccati dall'invito di Ali. Li accoglieva con un caldo sorriso e una parola gentile per ciascuno.

L'Adhan risuonò, e il silenzio calò mentre tutti si preparavano a rompere il digiuno. Ali distribuì datteri e acqua, e insieme ringraziarono per le benedizioni di quel giorno.

Il pasto fu un allegro miscuglio di conversazioni, risate e condivisione. Ali si assicurò che ogni persona si sentisse a casa, vegliando affinché tutti avessero abbastanza da mangiare.

Dopo l'Iftar, un anziano si avvicinò ad Ali e pose la sua mano sulla spalla del ragazzo. "Figlio mio, quello che hai fatto oggi è il vero spirito del Ramadan. La tua generosità nutre molto più che i nostri corpi; nutre le nostre anime."

Ali sentì il suo cuore gonfiarsi di felicità. Non era l'ampiezza del pasto ciò che contava, né i complimenti che riceveva, ma il sentimento di unità e amore che riempiva la piazza quella sera.

Quando le stelle apparvero nel cielo, Ali sapeva che la vera generosità veniva dal cuore e che aveva il potere di trasformare il mondo, un buon atto dopo l'altro.

13)   <u>Il Perdono di Imran</u>

In un angolo tranquillo della città, Imran, un giovane ragazzo noto per il suo temperamento focoso, aveva imparato una dura lezione. Aveva ferito il suo amico Anas con parole dure e, durante questo Ramadan, il peso del suo rimorso era più pesante che mai.

Una notte, dopo la preghiera di Tarawih, Imran si avvicinò ad Anas. Il chiaro di luna si rifletteva nelle lacrime che cercava di trattenere.

"Anas, sono venuto per chiederti perdono", disse Imran con voce tremante. "Quello che ho detto era crudele e mi pento di ogni parola."

Anas guardò Imran, il suo cuore diviso tra rancore e compassione. Vide la sincerità negli occhi di Imran e sentì la purezza della sua intenzione.

"Imran, il Ramadan è il mese del perdono. Il tuo gesto mi dimostra che sei cambiato", rispose Anas, la voce piena di emozione per la riconciliazione. "Ti perdono, amico mio."

I due ragazzi si abbracciarono sotto il cielo notturno, la luna e le stelle testimoni della loro riconciliazione. Imran sentì sollevarsi un peso dalle spalle, sostituito da una pace che non aveva sentito da tempo.

Il giorno dopo, Imran decise di condividere la sua esperienza con i bambini del quartiere. Raccontò loro come aveva trovato il coraggio di chiedere perdono e l'importanza di questa virtù, specialmente durante il Ramadan.

"Il perdono non è solo per coloro a cui lo chiediamo, ma anche per noi stessi. È una liberazione, un modo per fare spazio alla luce nei nostri cuori", insegnò Imran.

Questo Ramadan fu un punto di svolta per Imran.
Divenne noto non solo per la sua energia, ma anche per
la sua capacità di ammettere i suoi errori e cercare il
perdono. E ogni anno, durante il mese sacro,
condivideva la storia del "Perdono di Imran", ricordando
a tutti il potere della misericordia e di un cuore puro.

14) <u>Il Tesoro del Digiuno</u>

In un villaggio remoto, circondato da maestose
montagne, gli anziani parlavano di una leggenda, quella
del Tesoro del Digiuno, nascosto sulla cima della
montagna più alta. Non si trattava di un tesoro ordinario;
si diceva che contenesse la saggezza del digiuno di
Ramadan.

Quest'anno, un ragazzo di nome Idris, incuriosito dalle
storie che aveva sentito fin dall'infanzia, decise che
avrebbe trovato quel tesoro. Con la benedizione dei suoi
genitori, intraprese il suo viaggio il primo giorno di

Ramadan.

Idris scalava ogni giorno, digiunando, pregando e
riflettendo sugli insegnamenti del Corano. Ogni sera,
interrompeva il digiuno con un po' di pane e acqua,
quindi pregava sotto il cielo stellato.

Man mano che i giorni passavano, Idris sentiva il suo
corpo indebolirsi ma il suo spirito diventare più chiaro.
A poco a poco capì che il digiuno non era solo
un'astinenza dal cibo e dalle bevande, ma un nutrimento
per l'anima.

L'ultimo giorno di Ramadan, Idris raggiunse la vetta.
Non trovò un forziere pieno d'oro o di pietre preziose.
Invece, trovò un vecchio forziere di legno intagliato,
all'interno del quale riposava un rotolo di pergamena.

Idris srotolò con cura la pergamena e lesse: "Il vero
tesoro del digiuno è la pace interiore, l'autocontrollo e la
vicinanza con il Creatore. Chi comprende questo
possiede il più grande dei tesori."

Scendendo dalla montagna, Idris si rese conto che il
tesoro che cercava non era mai stato destinato ad essere
toccato o visto. Era già dentro di lui, coltivato da ogni
giorno di digiuno, ogni preghiera e ogni momento di
riflessione.

Quando Idris tornò al villaggio, condivise la saggezza

del Tesoro del Digiuno con tutti. Ogni Ramadan che seguì, l'intero villaggio digiunava con una nuova comprensione e un nuovo impegno, ciascuno alla ricerca del tesoro dentro il proprio cuore.

15)   <u>Il Sorriso della Luna</u>

Nel villaggio di Qamar, le notti di Ramadan erano illuminate non solo dalle stelle, ma anche dal sorriso benevolo della luna. Almeno, questo è ciò che credeva il giovane Samir, che trascorreva ore contemplando il cielo notturno dal balcone di casa sua.

La nonna di Samir, una donna saggia con storie infinite, gli aveva raccontato che il sorriso della luna durante il Ramadan era un segno dell'amore di Allah per le Sue creature. Samir, con il suo cuore innocente e la sua fede pura, credeva fermamente in queste parole.

Una notte, mentre la falce di luna brillava più luminosa che mai, Samir fece un desiderio: desiderava che il sorriso della luna portasse felicità e tranquillità a tutti coloro che amava. Iniziò a disegnare la luna su un grande foglio di carta, aggiungendo un sorriso caloroso con le sue matite colorate.

Nell'ultima sera di Ramadan, Samir decise di condividere il suo disegno con il villaggio. Lo appese alla porta di casa sua, affinché tutti quelli che passavano potessero vedere il sorriso della luna.

La mattina seguente, il giorno dell'Eid, i villaggiatori si svegliarono per trovare il sorriso della luna disegnato da Samir. I bambini ridevano nel vederlo, gli adulti si sentivano confortati e un'atmosfera di gioia si diffuse in tutto il villaggio.

"Guarda, è il sorriso della luna di Samir!" esclamavano i bambini mentre si dirigevano alla moschea per la preghiera dell'Eid.

Samir, vedendo l'effetto del suo disegno sui villaggiatori, sentì il suo cuore riempirsi di una gioia indescrivibile. Compresi che piccole azioni, fatte con amore e sincerità, potevano avere un grande impatto.

Ogni anno, per il Ramadan, il sorriso della luna di Samir diventava una tradizione, ricordando a tutti gli abitanti di

Qamar l'amore e la bontà che risiedono nei gesti
semplici e nella magia delle credenze infantili.

16)   <u>La Chiave del Paradiso</u>

Nella tranquilla cittadina di Safa, mentre il Ramadan
stava per concludersi, un vecchio di nome Abbas
raccontava ai bambini una storia che aveva ereditato dai
suoi stessi nonni. Secondo lui, da qualche parte nella
città era nascosta una chiave antica, fatta del più puro
oro e decorata con pietre preziose, che apriva le porte
del paradiso.

I bambini ascoltavano con gli occhi scintillanti di meraviglia e incredulità. Tra di loro, una ragazza di nome Yasmin era particolarmente toccata da questa storia. Si avvicinò ad Abbas dopo il racconto e gli chiese: "Abbas, la chiave del paradiso esiste davvero?"

Abbas guardò Yasmin con un sorriso misterioso e rispose: "Yasmin, la chiave del paradiso non è ciò che pensi. Non è una chiave che si può tenere tra le mani. È qualcosa che si porta nel cuore."

Intrigata, Yasmin trascorse i giorni successivi riflettendo sulle parole di Abbas. Decise di cercare questa chiave simbolica compiendo atti di gentilezza e generosità, aiutando i vicini, condividendo il suo pasto con coloro che avevano fame e offrendo preghiere sincere per la sua comunità.

Arrivò il giorno dell'Eid e Yasmin sentì un cambiamento dentro di sé. Aveva scoperto che la chiave del paradiso era fatta di compassione, amore e devozione verso gli altri. La sua ricerca le aveva insegnato che le vere porte del paradiso si aprono attraverso le buone azioni e la purezza di intenzione.

Quando condivise la sua scoperta con Abbas, il vecchio la guardò con orgoglio e disse: "Yasmin, hai trovato la chiave più preziosa. Tienila sempre con te e troverai la via del paradiso in questo mondo e nel prossimo."

17) Il Pentimento di Sofia

Sofia era seduta da sola all'ombra di un ulivo secolare, fuori dalla moschea, gli occhi pesanti di rimorso. Sussurrava parole appena udibili, un misto di preghiera e promessa personale.

Sua madre la trovò lì, con una dolce preoccupazione che le segnava il viso. "Sofia, sembri portare il mondo sulle spalle. Cosa succede, mia figlia?" chiese con dolcezza.

Sofia alzò lo sguardo, le sue lacrime riflettevano la luna crescente. "Mamma, sento di aver perso la mia strada quest'anno. Voglio pentirmi, voglio trovare la pace," confessò con una voce tremante.

Sua madre si sedette al suo fianco, avvolgendo Sofia tra le sue braccia. "Il pentimento è un viaggio, Sofia, e il Ramadan è la migliore delle bussole. Allah è Misericordioso ed è sempre pronto ad accogliere chi ritorna a Lui."

Nei giorni seguenti, Sofia si immerse nei rituali del Ramadan con rinnovato fervore. Una sera, mentre aiutava a preparare la tavola per l'Iftar, suo padre la osservò, un sorriso accennato sulle labbra. "Sai, Sofia, ogni azione che compi ora risplende più degli errori passati," disse.

"Voglio credere che posso cambiare, papà," rispose Sofia, con gli occhi abbassati.

"Stai già cambiando," rispose suo padre. "E ogni giorno è una nuova pagina che puoi scrivere."

La notte di Laylat al-Qadr, Sofia si alzò in piedi accanto alla sua famiglia per la preghiera. "Allah, dammi la forza di essere chi Tu vuoi che io sia," pregò.

Dopo la preghiera, suo fratello minore, Amir, che aveva notato il suo cambiamento, si strinse a lei. "Sofia, mi racconterai ancora storie stasera?" chiese con speranza.

Sofia gli scompigliò affettuosamente i capelli. "Certo, Amir. Quale storia vuoi sentire?"

"Una storia sul perdono," disse con la semplicità infantile che spesso colpisce al cuore delle verità più profonde.

E così, Sofia raccontò, e in ogni parola, intrecciava la sua speranza e la sua determinazione a ricominciare, sorretta dalla fede e dall'amore della sua famiglia.

18) <u>I Semi della Fede</u>

Nel piccolo villaggio di Muna, il vecchio Hamid aveva un giardino che amava più di ogni altra cosa. Non coltivava solo verdure e fiori, ma anche semi della fede che gli piaceva condividere con i bambini del villaggio.

Un giorno, mentre il Ramadan si avvicinava, Hamid decise di dare a ogni bambino un piccolo seme da piantare. Tra di loro c'era Amina, una ragazza curiosa e attenta.

"Nonno Hamid, che cosa sono questi semi?" chiese Amina, tenendo il minuscolo seme tra le dita.

Hamid si accovacciò accanto a lei, con un sorriso benevolo sulle labbra. "Questi sono i semi della fede, Amina. Li pianterai e li innaffierai durante il Ramadan, e vedrai cosa diventeranno."

Amina piantò il suo seme con cura e ogni giorno, dopo la preghiera del mattino, lo annaffiava, recitando una breve preghiera o un verso del Corano. Osservava il terreno con speranza, aspettando di vedere il frutto del suo lavoro e della sua fede.

Man mano che il mese sacro procedeva, il seme germogliò e si trasformò in una bellissima pianta verde. Amina era meravigliata dalla trasformazione e corse a condividere la notizia con Hamid.

"Guarda nonno, è cresciuta! È come se anche la mia fede fosse cresciuta," esclamò lei.

Hamid annuì, i suoi occhi brillavano di orgoglio. "Ogni seme che nutri con amore e pazienza, Amina, è come la fede nel tuo cuore. Ha bisogno di attenzione e cura per fiorire."

Amina allora capì che il giardinaggio non era solo questione di piante e terra, ma anche un simbolo della sua stessa crescita spirituale. I semi della fede che aveva nutrito durante il Ramadan avrebbero continuato a crescere ben oltre il mese sacro.

19)   <u>L'Oasi della Tranquillità</u>

Adel stava in cima a una duna, scrutando l'orizzonte, quando il vecchio guida del deserto, Karim, gli si avvicinò.

"Stai cercando l'Oasi della Tranquillità, vero?" chiese Karim, la sua voce era ruvida come la sabbia sotto i loro piedi.

Adel annuì, gli occhi pieni di speranza. "Sì, mi è stato detto che è lì che potrei trovare pace durante il Ramadan."

Karim sorrise, le sue rughe si approfondirono come i solchi di una mappa. "È un viaggio che molti intraprendono, ma solo il cuore sincero troverà ciò che cerca."

Con quelle parole enigmatiche, Karim diede ad Adel delle istruzioni precise e lo lasciò continuare da solo. Dopo un viaggio estenuante, Adel scoprì finalmente l'oasi, un vero specchio di smeraldo in mezzo alle tonalità ocra del deserto.

Tremante d'emozione, Adel si inginocchiò vicino all'acqua e sussurrò una preghiera. Fu allora che una voce parlò alle sue spalle.

"La pace è un tesoro ben custodito, giovane viaggiatore. Pensi di averla trovata?" disse una donna, la sua silhouette si stagliava contro la luna.

Adel si voltò per vedere una vecchia donna, vestita con una veste blu come la notte, che si avvicinava.

"Io... io lo spero," rispose Adel. "Sono venuto qui in cerca della tranquillità che non riesco a trovare nella mia vita frenetica."

La vecchia donna si sedette accanto a lui e puntò verso il cielo stellato. "La pace non si trova solo nel silenzio dell'oasi, ma nel silenzio che crei dentro di te stesso."

Adel passò la notte a parlare con la donna, imparando a meditare sui versetti del Corano e ad apprezzare la solitudine che gli permetteva di connettersi con la sua fede.

Durante le notti del Ramadan, Adel imparò a trovare la calma nel mezzo del caos, una lezione che portò con sé ben oltre il mese sacro. Condividendo la sua esperienza con gli altri, portò un pezzo dell'Oasi della Tranquillità nel cuore di ciascuno, mostrando che la pace è un viaggio, non una destinazione.

20) <u>La Benedizione del Sahur</u>

Nel silenzio che precede l'alba, mentre la città è ancora avvolta nel velo scuro della notte, Layla e la sua famiglia si riuniscono silenziosamente in cucina. È l'ora del Sahur, il pasto che precede l'inizio del digiuno del Ramadan.

Il fratellino di Layla, Hadi, si strofina gli occhi ancora pesanti di sonno. "Perché dobbiamo alzarci così presto?" borbotta.

Il padre di Layla, con un sorriso nella voce, risponde dolcemente: "Questo è il momento in cui chiediamo ad Allah di benedirci per la giornata che sta iniziando, di darci la forza di digiunare."

Layla, riempiendo dolcemente i bicchieri d'acqua, aggiunge: "Ed è un momento speciale, Hadi. È come se il mondo intero trattenesse il respiro, e in questo silenzio, le nostre preghiere salgono direttamente al cielo."

Si siedono insieme, condividendo datteri e latte, il pasto semplice ma nutriente che evoca secoli di tradizione. La madre di Layla poi condivide un pensiero: "Ogni boccone che prendiamo ora è un seme che piantiamo per il giorno a venire. Con ogni seme, chiediamo pazienza, concentrazione e gratitudine."

Hadi, sorseggiando il suo latte, inizia a capire. "È come se stessimo caricando i nostri cuori prima di iniziare un lungo viaggio," dice, con una nuova consapevolezza nei suoi occhi.

"Esattamente, mio figlio," dice il padre alzandosi per iniziare i preparativi della preghiera. "E ora, mentre terminiamo il nostro Sahur, iniziamo il nostro viaggio quotidiano del Ramadan, portando con noi le benedizioni di quest'ora silenziosa per tutto il giorno."

La famiglia termina il suo pasto e si dirige verso il soggiorno per pregare insieme. L'alba sta iniziando a spuntare, e con essa, la speranza e la promessa di un nuovo giorno di digiuno, riflessione e vicinanza con il divino.

21)   <u>La Gioia della Condivisione</u>

La notte scendeva sulla piccola città di Salam, dove il Ramadan era vissuto al ritmo della condivisione e dei sorrisi. In un vicolo tranquillo, i bambini del quartiere si riunivano intorno al grande tavolo dell'Iftar preparato dalla generosa Signora Hanan.

"Perché mettiamo sempre il doppio del cibo che possiamo mangiare, Signora Hanan?" chiese curiosamente Farid, un ragazzino dagli occhi scintillanti.

Con un sorriso caldo e le mani impastate, la Signora

Hanan rispose: "Per la gioia della condivisione, Farid. Durante il Ramadan, ogni piatto che condividiamo raddoppia il suo valore nei nostri cuori."

Leila, una bambina dai riccioli castani, aggiunse con entusiasmo: "E mia mamma dice che quando condividiamo, non sappiamo mai quale angelo condividerà il nostro pasto!"

La Signora Hanan rise dolcemente. "È vero, Leila. E a volte, non è un angelo, ma un vicino che ha bisogno di compagnia e di un pasto caldo."

Come se le sue parole fossero un segnale, si bussò alla porta. Era il Signor Amir, un anziano solitario del vicinato. "Sentivo il profumo delle spezie dal mio soggiorno", disse timidamente, "e mi chiedevo..."

"Entri, Signor Amir! È il benvenuto alla nostra tavola!" esclamarono i bambini, tirandolo dentro.

Il tavolo si animò con l'arrivo del loro ospite a sorpresa, e l'Iftar prese una svolta ancora più gioiosa. Risate e conversazioni riempivano l'aria mentre i piatti passavano di mano in mano.

Dopo il pasto, mentre si sedevano per le preghiere serali, Farid si avvicinò alla Signora Hanan. "Ora capisco. Condividere ci rende tutti ricchi, vero?"

La Signora Hanan annuì con affetto. "Esattamente, Farid. E la vera ricchezza è quella che riempie l'anima."

Quella notte, mentre le stelle scintillavano come gioielli nel cielo, la gioia della condivisione aveva unito i cuori e creato ricordi che sarebbero durati ben oltre il mese sacro.

22) <u>Il Mantello della Notte</u>

Nel villaggio di Lune Claire, mentre il Ramadan avvolgeva i giorni e le notti con il suo spirito sacro, un vecchio narratore di nome Hakim attirava i bambini con le sue storie sotto il mantello stellato della notte.

Una bambina in particolare, Zara, era affascinata dai suoi racconti. Una sera, mentre le stelle brillavano come diamanti nel cielo, si avvicinò a Hakim e chiese:

"Dimmi, Hakim, perché chiami la notte 'il mantello'?"

Hakim, avvolto nel suo scialle consunto, le offrì un sorriso saggio e rispose: "La notte è un mantello, mia piccola Zara, sotto il quale tutti noi possiamo nasconderci per trovare la calma e la pace dopo una lunga giornata. È sotto questo mantello che le nostre preghiere si innalzano al più alto."

Gli occhi di Zara si illuminarono di meraviglia. "Le stelle ascoltano le nostre preghiere?" chiese innocente.

"Credo che siano le messaggere delle nostre preghiere", disse Hakim, lo sguardo perso nell'immensità sopra di loro. "Quando condividiamo le nostre speranze e i nostri sogni con la notte, essa li intesse nel mantello celeste per tenerli al sicuro fino a quando non si avvereranno."

Zara si accoccolò vicino a sua madre, che si era unita a loro, e insieme ascoltarono Hakim raccontare una storia su una stella cadente che aveva raccolto i desideri di una ragazza e li aveva portati attraverso i cieli.

Nella notte di Laylat al-Qadr, Zara raccolse tutto il suo coraggio e condivise il proprio desiderio con il mantello della notte, chiedendo saggezza e forza. Sentì l'abbraccio dolce dell'oscurità e seppe che le sue parole erano al sicuro, avvolte nel mantello celeste fino a quando non fossero pronte a sbocciare.

23) <u>L'eco dell'Adhan</u>

Nel villaggio di Qalb, arroccato su una collina che domina una valle verdeggiate, la chiamata alla preghiera, l'Adhan, riecheggiava ogni giorno attraverso le strette strade e le case di pietra. Questo suono, portatore di fede e tradizione, guidava gli abitanti nella loro vita quotidiana e, durante il Ramadan, assumeva una risonanza particolarmente speciale.

Zahra, una giovane ragazza dallo spirito vivace e dal cuore tenero, era affascinata dall'Adhan. In un crepuscolo di Ramadan, mentre il muezzin prendeva un profondo respiro per intonare la chiamata, Zahra si avvicinò a suo padre e chiese: "Papà, perché l'Adhan è così importante?"

Suo padre, un uomo saggio con una voce dolce come la sera, rispose prendendole la mano. "Zahra, l'Adhan è un promemoria. È l'eco della nostra fede che ci chiama a ricordare Allah, a pregare e a riflettere sulle nostre azioni."

Incuriosita, Zahra ascoltò attentamente l'Adhan, lasciando che le parole si assorbissero nella sua anima. "È come se ogni parola mi parlasse, papà. Come se l'Adhan mi dicesse di affrettarmi verso il bene."

Suo padre sorrise, il cuore colmo di orgoglio per la sensibilità di sua figlia. "E ogni volta che lo senti e rispondi a quella chiamata, ti affretti verso la luce, mia cara Zahra."

Il Ramadan proseguì, e ogni giorno, Zahra rispondeva all'appello con maggiore fervore. Si univa alla preghiera, imparava nuove sure e aiutava sua madre a preparare l'Iftar per i vicini.

Quando arrivò l'Eid, con le sue celebrazioni e lieti ritrovamenti, Zahra sentì che l'Adhan aveva tessuto in lei una connessione più profonda con la sua comunità e la sua fede. Sapeva che l'eco dell'Adhan avrebbe continuato a risuonare dentro di lei, guidandola ben oltre i giorni benedetti del Ramadan.

24)   <u>La Notte del Destino di Karim</u>

In una città dove i minareti si innalzano fieramente verso il cielo, Karim attendeva con impazienza la Notte del Destino, Laylat al-Qadr, una delle notti più benedette del Ramadan. Si diceva che le preghiere fatte in questa notte avessero un valore maggiore di mille mesi.

Karim era un ragazzo studioso e attento, sempre pronto ad apprendere e ad aiutare gli altri. Ma quest'anno, voleva vivere appieno Laylat al-Qadr. Aveva deciso di restare sveglio tutta la notte per pregare e riflettere.

"Mamma, come saprò se ho veramente trovato Laylat al-Qadr?" chiese Karim mentre la sua famiglia si preparava per la notte.

Sua madre rispose dolcemente: "Alcuni dicono che la notte è così pacifica che anche l'acqua che cade non fa rumore. Ma ciò che conta è l'intenzione del tuo cuore, figlio mio."

La notte cadde, e la casa di Karim fu avvolta da una luce dolce e calda. Dopo aver interrotto il digiuno, la famiglia iniziò le preghiere. Karim si sentiva avvolto in un'atmosfera di devozione e amore.

Passata la mezzanotte, mentre i suoi genitori dormivano brevemente, Karim rimase seduto sul suo tappeto di preghiera, recitando il Corano e meditando sui suoi insegnamenti. Pensava alla misericordia di Allah, alla pazienza e alla gratitudine.

Mentre alzava gli occhi al cielo attraverso la finestra, vide le stelle brillare con una luce particolare. Sentì il suo cuore calmarsi, una profonda tranquillità lo invase. Mormorò: "Forse è adesso, Laylat al-Qadr."

Le ore passarono, e Karim rimase immerso nella preghiera, sentendo una connessione più profonda che mai con la sua fede. Quando l'alba si avvicinò, sapeva in fondo al cuore di aver vissuto qualcosa di speciale, anche se non ne poteva essere completamente certo.

"Mamma, penso di aver sentito la pace di Laylat al-Qadr", disse a sua madre al primo mattino.

Lei sorrise, con gli occhi pieni di lacrime di gioia. "Solo Allah conosce la verità, ma la tua devozione questa notte sarà sicuramente ricompensata, mio caro Karim."

E mentre il sole sorgeva, Karim si sentiva grato e rinnovato, pronto a continuare a vivere con la fede e la determinazione che aveva sentito durante la notte più santa dell'anno.

25) <u>L'Avventura dell'Ultimo Decennio</u>

Nel dolce calore dell'ultimo decennio del Ramadan, due amici, Aya e Bilal, decisero di rendere questo periodo indimenticabile. Volevano esplorare il profondo significato di questi giorni sacri, in particolare la ricerca di Laylat al-Qadr, la Notte del Destino.

"Bilal, immagina se potessimo scoprire esattamente quale notte è!" esclamò Aya, i suoi occhi luccicanti all'idea della loro ricerca spirituale.

Bilal annuì, affascinato dall'idea. "Facciamo un piano. Ogni notte, compiremo un'azione buona e annoteremo ciò che sentiamo. Forse ciò ci guiderà a Laylat al-Qadr."

Così iniziò la loro avventura. La prima notte, aiutarono a preparare l'Iftar per le famiglie bisognose. La seconda, passarono del tempo ad ascoltare le storie degli anziani del villaggio. Notte dopo notte, dedicarono il loro tempo ad atti di gentilezza e devozione.

"Ho sentito qualcosa di speciale stasera," confidò Aya dopo una preghiera intensa. "Come se il cielo si aprisse giusto un po'."

Bilal concordò. "Era diverso, come un brivido nell'aria. Forse era la notte che cerchiamo."

L'ultima notte arrivò, e con essa, una tranquillità che avvolse il villaggio. Aya e Bilal si sedettero sul tetto, guardando il cielo cosparso di stelle.

"Che questa notte sia Laylat al-Qadr o no, credo che abbiamo trovato ciò che cercavamo," sussurrò Bilal. "Una connessione più profonda con la nostra fede e tra di noi."

Aya annuì, sentendo la stessa pace interiore. Mentre l'alba sorgeva, segnando la fine della loro avventura, sapevano che le lezioni apprese e i momenti condivisi durante quest'ultimo decennio sarebbero rimasti con loro ben oltre la fine del Ramadan.

"Era la nostra Notte del Destino, a modo nostro," disse Aya, mentre si preparavano ad accogliere un nuovo giorno.

26) <u>**La Farfalla del Ramadan**</u>

Nel piccolo villaggio fiorito di Asilah, l'arrivo del Ramadan era celebrato non solo con preghiere e digiuno ma anche con la comparsa di una farfalla molto particolare, conosciuta come la Farfalla del Ramadan. Si diceva che questa farfalla, con ali di un azzurro celeste cosparse di motivi che sembravano raccontare storie, apparisse solo una volta all'anno, durante il mese sacro.

Nora, una giovane ragazza piena di vivacità, era

affascinata da queste creature. Un giorno, mentre osservava una di esse volteggiare attorno a un cespuglio di lavanda, si avvicinò il suo amico Karim.

"Perché le chiamano farfalle del Ramadan, Nora?" chiese Karim, seguendo con lo sguardo il volo grazioso della farfalla.

Nora si girò verso di lui con un sorriso radioso. "Si dice che ogni Ramadan, queste farfalle vengano a ricordarci la bellezza e la transitorietà della vita. Ci insegnano la metamorfosi e la crescita, proprio come noi cerchiamo di crescere e migliorarci durante questo mese."

Karim, intrigato da questo pensiero, guardò la farfalla posarsi delicatamente su un fiore. "È come se fossero un messaggio di Allah, un promemoria della Sua presenza nella bellezza della natura."

"Esattamente!" esclamò Nora. "E mia nonna dice che se condividi un segreto con una farfalla del Ramadan, il tuo messaggio sale fino ai cieli."

I due bambini decisero quindi di condividere i loro desideri per l'anno a venire con la farfalla, sussurrando dolcemente mentre osservavano le ali diafane battere al ritmo delle loro speranze.

Quando il Ramadan giunse al termine, Nora e Karim sentirono una trasformazione dentro di sé, come se gli insegnamenti della farfalla del Ramadan avessero messo radici nel loro cuore. Erano pronti a spiegare le proprie ali e volare verso nuove vette di fede e bontà.

27) Le Luci di Al-Qadr

Nella città di Al-Fajr, la notte di Laylat al-Qadr era attesa con una reverenza particolare. Si diceva che durante questa notte, più sacra di mille mesi, i cieli si aprissero per inondare la terra con una luce divina, e che le preghiere volassero direttamente verso i cieli.

Soraya, una giovane ragazza dal cuore puro, aveva preparato questa notte per tutto il mese di Ramadan.

Aveva digiunato con devozione, pregato con fervore e aiutato la sua famiglia e i suoi vicini con un amore incondizionato.

Nella notte di Al-Qadr, Soraya si sedette sul terrazzo di casa sua, avvolta in uno scialle, e guardò il cielo. Attendeva il segno delle luci di Al-Qadr, una prova che le sue preghiere sarebbero state ascoltate.

Mentre attendeva, vide un bagliore luminoso attraversare il cielo. Non era una stella cadente, né il bagliore di un satellite. Era una luce soffice, pacifica, che sembrava danzare tra le stelle.

Soraya chiuse gli occhi e fece una preghiera per la sua famiglia, per la pace nel mondo e per la guida nel suo personale cammino di vita. Quando riaprì gli occhi, la luce era ancora lì, scintillante, come se rispondesse alla sua chiamata.

Le ore passarono e Soraya rimase fuori, avvolta nella quiete della notte. Sentì il suo cuore alleggerirsi, come se la luce di Al-Qadr portasse via con sé i pesi della sua anima.

Quando spuntò l'alba, la luce si era fusa con l'orizzonte, ma Soraya sapeva che qualcosa era cambiato. Laylat al-Qadr aveva toccato la sua vita, lasciando una traccia luminosa che non si sarebbe mai spenta.

Gli anni passarono e la leggenda delle Luci di Al-Qadr si perpetuò. Soraya divenne la custode di questa storia,

ricordando alle generazioni future che i segni di Allah
sono dappertutto intorno a noi, a patto che apriamo i
nostri cuori e innalziamo le nostre anime.

28)   <u>I Fiori del Paradiso</u>

Nel cuore di un'oasi rigogliosa fioriva un giardino dove ogni fiore sembrava toccato dalla grazia divina. Era il giardino che Hadiya e suo nonno curavano con amore, un luogo di pace dove la comunità amava riunirsi durante il Ramadan.

Hadiya, con le sue mani piccole ma abili, piantava fiori dai profumi celesti e dai colori vivaci. Suo nonno lo chiamava il suo piccolo pezzo di paradiso. "Ogni fiore che pianti, mia cara, è un promemoria delle meraviglie di Allah", le diceva spesso.

Quest'anno, Hadiya aveva un'idea speciale per l'Eid al-Fitr. Voleva creare un mazzo di fiori per ogni famiglia del villaggio, un mazzo di fiori del paradiso, come simbolo di gioia e condivisione per la fine del Ramadan.

Ogni sera, dopo l'Iftar, lavorava alla luce delle lanterne, scegliendo i fiori più belli, legandoli con nastri e pregando affinché ogni mazzo portasse felicità al suo destinatario.

Quando arrivò l'Eid, il giardino di Hadiya era un arcobaleno di colori e profumi. I villaggi erano meravigliati dalla bellezza dei mazzi che lei offriva loro con un sorriso raggiante.

"I tuoi fiori, è come se venissero direttamente dal paradiso, Hadiya", si meravigliò una vicina, inspirando il profumo di una rosa delicata.

Hadiya arrossì di piacere. "Volevo che ognuno di voi avesse un piccolo pezzo del nostro giardino per l'Eid", spiegò.

Il gesto di Hadiya fu a lungo tesoro nel villaggio. Il suo giardino divenne un simbolo di generosità e unità, e ogni Eid, i mazzi di fiori del paradiso ricordavano ai villaggi la bellezza della loro comunità e la generosità che fioriva nel cuore di ciascuno.

29) <u>La Promessa dell'Eid</u>

Nella vivace città di Rihla, l'entusiasmo per l'Eid riempiva l'aria. Le strade erano adornate con ghirlande e luci scintillanti, annunciando la fine del Ramadan. Per Amina e il suo fratellino Hassan, l'Eid era sinonimo di famiglia, gioia e nuove promesse.

Alla vigilia dell'Eid, il loro padre aveva fatto loro una promessa speciale: se i bambini fossero riusciti a digiunare gli ultimi giorni del Ramadan, tutta la famiglia sarebbe andata al parco divertimenti. Amina, seria nei suoi impegni, aveva mantenuto la promessa, così come Hassan, anche se era stato difficile per il piccolo.

Il giorno tanto atteso arrivò, ma il padre ricevette una chiamata urgente dal lavoro. C'era un'emergenza che non poteva ignorare. Con il cuore pesante, si sedette con i suoi bambini.

"Miei figli, mi dispiace. La visita al parco deve essere rimandata", disse con rammarico.

Gli occhi di Amina e Hassan si riempirono di lacrime. Aspettavano quel momento da tanto tempo.

Vedendo la delusione negli occhi dei suoi figli, il padre prese una decisione. "Niente è più importante della mia promessa a voi", disse, prendendo il telefono. Dopo alcuni minuti di conversazione, riattaccò con un sorriso sulle labbra.

"Una promessa è una promessa. Andremo al parco, come previsto. Il lavoro può aspettare."

Amina e Hassan saltarono dalla gioia, abbracciando forte il loro padre. La giornata fu piena di risate, giri sulle giostre e momenti preziosi. Capirono che l'Eid non era solo una celebrazione, ma anche un momento in cui le promesse fatte venivano onorate, dove la famiglia veniva prima di tutto il resto.

La sera, mentre guardavano i fuochi d'artificio

illuminare il cielo, Amina sussurrò un ringraziamento silenzioso. Sapeva che la vera benedizione dell'Eid non era nei regali o nelle gite, ma nei legami incrollabili di amore e onore tra di loro.

30)   <u>I Colori dell'Eid</u>

Il villaggio si svegliava lentamente, immerso nella luce dorata del mattino dell'Eid. Nella casa blu in fondo al vicolo, Layla e suo fratello Karim erano già impegnati con nastri e carte colorate.

"Papà, guarda! Ho finito di decorare la mia lanterna per l'Eid!" esclamò Karim, alzando fieramente la sua opera verso il padre.

Il padre di Layla e Karim, un uomo dalla barba sale e pepe e gli occhi scintillanti di malizia, si chinò per esaminare la lanterna. "È bellissima, Karim. Hai scelto i tuoi colori con attenzione."

Layla, con un sorriso malizioso, tirò la manica di suo padre. "E io, papà, ho fatto una ghirlanda con tutti i colori dei nostri vestiti dell'Eid. Ogni colore rappresenta un membro della nostra famiglia."

Il padre li guardò, il cuore pieno d'amore per i suoi figli. "Voi due avete portato i colori dell'Eid nella nostra casa. Ma non dimenticate, i colori più belli sono quelli delle nostre azioni e dei nostri sorrisi oggi."

La giornata trascorse in un vortice di visite, risate e banchetti. Ogni volta che Layla e Karim incontravano i loro amici e familiari, condividevano una parola gentile o un piccolo regalo fatto a mano.

Mentre il sole tramontava, colorando il cielo di sfumature di rosa e arancione, Layla si sedette accanto a suo padre. "Papà, l'Eid è davvero il giorno più colorato dell'anno, vero?"

Il padre annuì, abbracciandola sulle spalle. "Sì, cara mia.
Ma non è solo a causa delle decorazioni o dei vestiti. È
perché i nostri cuori sono pieni di gioia e condividiamo
questa gioia con tutti."

E così, mentre le stelle iniziavano a brillare nel cielo,
Layla e Karim si promisero di mantenere i colori
dell'Eid vivi nei loro cuori, diffondendoli per tutto l'anno
fino a quando l'Eid sarebbe tornato.